Manuscrit Scolaire

ou

Lectures Graduées

d'Écritures diverses

à l'usage

des Écoles primaires, des Classes élémentaires

& des Cours d'Adultes

par

A. J. Viaud

Inspecteur de l'Enseignement primaire à Lyon.
Lauréat de la grande Exposition de 1867,
Officier d'Académie.

QUATRIÈME PARTIE. — STYLE ÉPISTOLAIRE

PARTIE DU MAITRE

Lyon

Ch. Palud, Libraire de l'Académie & des Ecoles

Rue de la Bourse, 4

MANUSCRIT SCOLAIRE

QUATRIÈME PARTIE

STYLE ÉPISTOLAIRE

PARTIE DU MAITRE

51ᵐᵉ LEÇON. — Le Précepte et l'Exemple du Style épistolaire.

Le style épistolaire est, dans chaque langue, celui qui exprime le mieux les pensées de l'âme.

Une lettre bien écrite a des beautés qui enchantent ; elle commence sans exorde, suit sans narration, s'explique sans artifice, prouve sans autorité, raisonne sans dialectique, persuade sans péroraison.

J'observe seulement que les longues lettres ne sont pas les meilleures, et qu'on ne les pardonne que quand, comme le disaient souvent Pascal et Nicole, on n'a pas eu le temps de les faire plus courtes.

Saint Grégoire, écrivant à Nicobule, son parent, trace à la fois le précepte et l'exemple du style épistolaire :

« Vous me demandez comment on doit écrire une lettre ? Voici, mon cher Nicobule, quelques observations dont vous pourrez faire votre profit.

« Il est des gens qui, dans leurs lettres, cheminent toujours sans savoir où s'arrêter ; d'autres, au contraire, affectent un laconisme déplacé : c'est ce qui s'appelle tirer au-delà ou en-deçà du but et s'écarter du juste milieu, qui consiste à se régler sur le besoin.

« Avez-vous beaucoup de choses à dire, vous feriez mal de vous resserrer dans un espace trop étroit.

« Un mot suffit-il pour rendre votre pensée, épargnez-moi des détails prolixes, et, partant, peu agréables.

« On doit mesurer la longueur ou la brièveté d'une lettre sur ce qui en fait le sujet.

« Ce n'est pas assez d'être précis, il faut sur toutes choses être clair : une lettre n'est pas une énigme ; mieux vaudrait être un peu causeur que d'être obscur en visant trop à la brièveté.

« En un mot une lettre écrite avec la clarté convenable, une lettre bien écrite est celle qui, entendue de l'ignorant comme de l'homme instruit, plaît à tous deux également.

« Une troisième qualité, c'est la grâce ; sans elle, une lettre est sèche, triste, monotone ; avec elle, au contraire, le style s'égaie et coule avec douceur : maximes piquantes, proverbes cités à propos, petites anecdotes, suspensions badines, saillies ingénieuses, elle admet tout ce qui peut éveiller l'esprit, mais, toutefois, sans affectation.

« La pourpre ne s'emploie qu'en bordure, et la lettre ne souffre qu'une élégance sans apprêt.

« Le style figuré n'y est de mise qu'à cette condition, qu'il se montrera rarement et avec modestie.

« Nous laisserons aux rhéteurs les apostrophes, les antithèses, les membres de phrase distribués avec symétrie ; ou si, parfois, il nous prend envie de leur emprunter cet appareil, que ce soit en nous jouant.

« Je ne puis mieux finir que par ce trait d'un apologue : « Autrefois, les oiseaux « se disputant la royauté, et chacun s'empressant d'orner son plumage, l'aigle seul « jugea que sa plus belle parure était de n'en point avoir. »

« La plus belle lettre, à mon avis, est celle qui tire toute sa parure de la manière simple, aisée, naturelle, dont elle est écrite. »

Telles sont, je crois, les qualités du style épistolaire.

Ce que je puis avoir omis vous sera suggéré par vos propres réflexions, ou suppléé par les habiles maîtres que vous entendez tous les jours.

52ᵐᵉ LEÇON. — Lettre de bonne année à un Oncle.

Mon cher oncle,

J'étais décidé à vous adresser en vers un beau compliment ; mais, après avoir pas mal travaillé et m'être mis l'esprit à la torture pour trouver des expressions dignes de vous, et capables de rendre ma pensée et mes sentiments d'affection, je me suis arrêté, désappointé, contrarié, ennuyé, et, sans Boileau qui a dit quelque part, dans un passage qui m'est applicable :

Pour lui Pœbus est sourd et Pégase est rétif,

je vous assure que j'aurais été désespéré.

Si donc, dans plus d'un cas, l'intention est réputée comme fait, vous accepterez mon empressement et mon bon vouloir au lieu et place de la réalité, et pour me consoler vous ne direz qu'en *a parte* ce nouveau vers du même auteur :

Il se tue à rimer, que n'écrit-il en prose ?

Puisqu'il le faut enfin, je laisse de côté les termes cadencés et choisis, et viens tout bonnement, tout simplement, sans apprêt, en langage vulgaire, en prose enfin, vous offrir mes vœux de bonne année.

Pour tout lustre, ils auront la sincérité, cela remplacera la mesure et la rime poétiques.

Soyez heureux, cher oncle ! Que Dieu, qui reçoit ma prière, vous comble du bonheur que vous méritez !

Qu'il éloigne de vous tout ce qui pourrait vous être désagréable, et qu'il fasse que vos moindres désirs aient une réalisation durable !

J'offre mes souhaits de nouvel an à ma chère tante, et vous prie d'être mon interprète pour les mêmes sentiments près de toute la famille.

Votre affectionné neveu.

***

Lettre de bonne année à une Tante à laquelle on n'a pas écrit depuis plusieurs mois.

Une lettre d'Alfred ! Miracle ! Telle est, j'en suis sûr, l'exclamation qui part de votre bouche en voyant mon écriture.

Voilà, en effet, bien longtemps que je vous ai écrit, ma chère tante, et je ne sais, mais je crois fort que vous êtes à vous demander si vous avez ou non un neveu à Troyes.

En voyant cette épître, vous direz aussi : Ah ! c'est heureux, sans l'époque du jour de l'an, Alfred ne m'aurait pas donné signe de vie.

J'interpréterais peut-être encore votre pensée sous un autre rapport ; mais elle me ferait injure et me peinerait trop, car je suppose que vous ne me placez pas au rang des ingrats.

Oubliez donc, je vous prie, un silence aussi long, qui, je puis le dire, n'en est un que physiquement, car l'affection et la gratitude, pour ne pas être tracées dans une missive, n'en conservent pas moins dans le cœur toute leur force et tout leur empire.

Mais, trêve de protestations d'affection et de reconnaissance, je sais que vous m'avez jugé tel que suis, que vous m'appréciez de ce côté à ma juste valeur, et cela me suffit.

Cette introduction, sans être nécessaire pour les sentiments que, chaque année, je viens vous exprimer, devait nécessairement précéder les quelques lignes qui suivent, et que je vous prie d'accepter en tout bien, tout honneur.

Mes vœux de nouvel an, comme les années précédentes, se traduiront par ces deux mots :

Santé, bonheur !

Veuillez prendre ces expressions dans leur plus grande étendue ; mais quelle que soit l'acception que vous leur attribuerez, croyez bien qu'elle sera encore au-dessous de celle que leur donneront mes sentiments d'affection pour vous.

Tels sont mes souhaits ; fasse le ciel qu'ils soient exaucés !

C'est là le plus cher désir de celui qui se dira toujours

Votre neveu bien affectionné, ALFRED.

53ᵐᵉ LEÇON. — Lertte de bonne année à un Supérieur que l'on vient de quitter.

Monsieur,

Je n'ai pas voulu, à l'époque du nouvel an, vous adresser une carte de visite, *un Souvenez-vous*, comme le savoir-vivre l'autorise, j'aurais cru non-seulement manquer à la bienséance, mais plus encore à un de mes devoirs les plus doux et les plus chers.

Donc, malgré le peu de temps qui s'est écoulé depuis que je vous ai quitté, mon cœur a éprouvé le besoin de venir, en ce jour, vous dire les vœux bien sincères qu'il adresse au ciel pour votre félicité.

Veuillez, je vous prie, Monsieur, ne pas confondre ces quelques lignes avec tant d'autres que l'usage seul dicte et croire à la sincérité des souhaits que je fais pour vous.

Puissent-ils être entendus et exaucés, pour combler de joie celui qui a l'honneur d'être

Votre très-humble et très obéissant serviteur.

* * *

Lettre de Fête à un Protecteur.

Monsieur,

Il est des existences privilégiées pour lesquelles les souhaits sont des réalités durables.

On dirait que Dieu, en les comblant de tous ses dons, a pris à tâche de satisfaire jusqu'à leurs moindres désirs. Pour elles, rien n'est aléatoire !

Hélas ! depuis longtemps, il n'en a pas été ainsi pour vous, Monsieur !

La chaîne du bonheur, pour tant d'autres sans solution de continuité, dans vos mains s'est rompue bien souvent !

Mais, pourquoi mes regards involontairement se tournent-ils vers le passé ?

Où m'emportent de tristes souvenirs ?

C'est aujourd'hui votre fête, et ma plume, fidèle interprète de mes sentiments les plus sincères, ne doit exprimer que des vœux les plus ardents pour l'avenir.

Mon Dieu, vous les entendrez et vous les exaucerez parce qu'ils sont vrais, parce qu'ils partent du fond du cœur : vous éloignerez d'une tête si chère jusqu'à l'ombre des plus légers soucis ! vous protégerez, dans votre bonté, celui qui a pris pour devise : « Faire le bien quoi qu'il arrive ! »

Telle est la prière qu'au jour de votre fête, je supplie le ciel d'entendre ; puisse-t-il vous conserver longtemps à l'affection des vôtres et de ceux qui comme moi vous doivent tant !

Daignez agréer, Monsieur, avec les sentiments de la vive reconnaissance qui m'anime, l'hommage de mon entier et respectueux dévouement.

...

54ᵐ· LEÇON. — Lettre à un Oncle sur la mort d'un de ses Parents.

Mon cher oncle,

Je ne puis attendre plus longtemps pour vous écrire ; mon cœur a besoin de dire ce qu'il éprouve de pénible, de triste et d'affreux, en présence des maux qui s'accumulent sur votre tête.

Hélas ! ce n'était pas assez dans le courant d'une année de perdre un gendre bien-aimé, ou plutôt un excellent fils, il fallait encore qu'un ami, cher à plus d'un titre, et qui eût été heureux de vous montrer toujours sa gratitude grandissant avec sa prospérité, qu'un protégé dont la seule ambition semblait être celle de se présenter à vous comme une de vos bonnes actions vivantes ; il fallait que vous le vissiez mourir ! et mourir au moment où la vie qui, jusque-là n'avait été qu'un labeur, lui apparaissait sous d'heureux auspices !

Ah ! c'est à vous remplir le cœur d'amertume et de haine ! Mais non, vos décrets, ô mon Dieu, sont impénétrables. Vous nous éprouvez pour nous dire : Levez les yeux, votre patrie n'est pas cette terre d'exil ; levez les yeux, votre patrie, c'est le ciel. Le ciel, ah ! oui, il faut y porter nos regards ; là est la consolation, là nous précèdent et nous attendent les êtres que nous avons aimés. Douce pensée, qui seul peut tempérer notre profonde affliction et nos lamentables regrets.

Agréez, mon cher oncle, l'hommage de mes sentiments de vive et sincère amitié.

Votre neveu bien dévoué.

...

Lettre de reproche de Mᵐ· de Sévigné à son ami le Juge-Président de Moulceau.

J'ai dessein, Monsieur, de vous faire un procès, voici comme je m'y prends, je veux que vous le jugiez vous-même.

Il y a plus d'un an que je suis ici avec ma fille pour qui je n'ai pas changé de goût.

Depuis ce temps vous avez entendu parler, sans doute, du mariage de M. de Grignan avec Mˡˡᵉ de Saint-Amand.

Vous l'avez vu assez souvent à Montpellier pour connaître sa personne ; vous avez aussi entendu parler des grands biens de monsieur son père ; vous n'avez point ignoré que ce mariage s'est fait avec un assez grand bruit dans ce château que vous connaissez.

Je suppose que vous n'avez point oublié ce temps où commença la véritable estime que nous avons toujours conservée pour vous.

Sur cela, je mesure vos sentiments par les miens, et je juge que, ne vous ayant point oublié, vous ne devez pas aussi nous avoir oubliées.

J'y joins même M. de Grignan dont les dates sont encore plus anciennes que les nôtres.

Je rassemble toutes ces choses, et, de tous côtés, je me trouve offensée ; je m'en plains à vos amis, je m'en plains à votre cher Corbinelli, confident jaloux et témoin de toute l'estime et l'amitié que nous avons pour vous, et enfin je m'en plains à vous-même, Monsieur.

D'où vient ce silence? Est-ce de l'oubli? est-ce une parfaite indifférence? Je ne sais, que voulez-vous que je pense? à quoi ressemble votre conduite? donnez-y un nom, Monsieur, voilà le procès en état d'être jugé.

Jugez-le, je consens que vous soyez juge et partie.

55ᵐᵉ LEÇON. — Lettre à un Père sur la mort de son jeune Enfant.

Mon cher cousin,

Sous l'impression du triste message que vient de nous apporter la poste, et auquel nous étions si loin de nous attendre, j'essaie de vous tracer quelques lignes.

Nous partageons toute la juste douleur que doit vous causer une pareille perte, et savons par expérience combien il est cruel et déchirant de perdre ceux qu'on aime, qu'on chérit.

Et pas de consolations ici-bas? Et que seraient d'ailleurs ces consolations pour de telles infortunes, pour de tels malheurs?

Ah! levons plutôt nos yeux au ciel, mais essuyons nos larmes ; l'ange que nous pleurons y a pris place parmi les saintes et innombrables phalanges du Très-Haut ; il s'étonnerait peut-être de voir nos joues mouillées, lui à qui la Providence a fait grâce des jours qu'il devait couler!

Courage, bon cousin, soyez fort; que votre résignation modère votre profonde douleur et tempère les regrets d'une mère si rudement éprouvée.

Recevez, cher et infortuné cousin, l'expression de ma vive et sincère amitié.

...

Lettre d'un Prêtre (l'abbé Lemaire) injustement persécuté et retenu en prison à un Ami (le poëte Ducis) qui cherchait à lui être utile.

Les hommes ont beau faire, mon ami, il n'en arrivera que ce qu'il plaira à Dieu.

Quant à moi, je suis prêt au départ.

La vie que je mène ici depuis six semaines n'est pas si rude que vous vous le figurez.

Je possède ici mon cœur en paix; j'y dors d'un bon somme, j'y prie Dieu pour vous, pour moi ; je le bénis de m'avoir donné un ami chrétien, dont la charité courageuse m'a ému profondément; car j'ai tout su.

Que votre zèle s'arrête là, mon ami, en voilà bien assez.

Ne gâtez point mon repos par des inquiétudes sur vous, je vous en prie, et, au besoin, je vous l'ordonne.

Si Dieu m'appelle à lui par cette voie, j'aurai connu, grâce à vous, ce qne la vie et la mort peuvent avoir de plus doux.

Adieu, cher Ducis, quoi qu'il arrive, nous nous reverrons ; adieu, soumettez-vous et ne me répondez pas.

56ᵐᵉ LEÇON. — Lettre de remerciment de M. Charles Nodier à Mˡˡᵉ Fanny Robert, jeune sourde-muette, qui, à l'insu de cet écrivain, avait fait le portrait de sa Fille, Mˡˡᵉ Désirée Nodier.

Je vous remercie, belle, chère et admirable Fanny! Jamais plaisir n'a été plus complet et plus doux que celui que m'a donné votre délicieux dessin. Toutes les charmantes idées de la vie sont là, c'est Désirée et c'est vous!

Ne regrettez pas le sens que Dieu vous a ôté, Fanny; c'est qu'il hésitait à vous faire âme ou corps, et que les misérables organes du vulgaire seraient une disgrâce pour les anges.

La parole est si peu de chose, une expression si imparfaite de la pensée, que les malheureux qui, comme moi, sont obligés d'en faire métier ne s'en servent qu'avec dégoût, quand ils s'élèvent par l'imagination au mystère d'une pure intelligence.

Et voyez ce que j'en fais avec vous ; que puis-je vous dire qui peigne mon admiration, mon enthousiasme, ma reconnaissance, ma tendresse?

Hélas ! tout cela n'est rien, tout cela n'est pas ce que je sens : ce que je sens, cherchez-en le secret dans votre cœur, il me traduira mieux.

Mille grâces, chère Fanny ! mille, cent mille, des millions, autant qu'il y a de perfections en vous, de ressources dans votre esprit, d'heureuses inspirations dans votre génie.

Aimez-nous comme nous vous aimons.

Lettre de Thomas à Ducis.

Mon cher ami,

Je voudrais pouvoir vous accompagner dans votre voyage à la Grande-Chartreuse. Ce lieu est fait pour vous. Combien il réveillera dans votre imagination d'idées mélancoliques et tendres! Je vous connais, vous serez plus d'une fois tenté d'y rester; vous n'en partirez, du moins, qu'avec les regrets les plus touchants. Ces pieux solitaires ont abrégé le drame de la vie; ils ne s'occupent que du dénouement et s'y précipitent sans cesse. C'est bien là que la vie n'est que l'apprentissage de la mort; mais la mort y touche aux cieux; c'est une porte qui s'ouvre sur l'éternité. L'horreur même du désert qu'ils habitent ressemble à un tombeau. Il semble que déjà ils se sont retirés de la vie le plus loin qu'ils ont pu. Ah ! que la vue de Ferney sera différente à vos yeux! Quel contraste! Là, tout tendait à la gloire, à l'agitation, au mouvement. C'était pourtant aussi une retraite, mais celle d'un homme qui de là pouvait remuer le monde et se mêlait à tous les événements dont le bruit même le plus éloigné ne parvient pas jusqu'aux autres. On a de la peine à s'imaginer encore aujourd'hui que sa cendre soit tranquille.

J'ai appris avec douleur la mort de ce pauvre abbé Millot. Mon cher ami, le canon perce nos lignes, et les rangs se serrent de moment en moment; cela est effrayant. Aimons-nous jusqu'au dernier jour, et que celui qui survivra à l'autre aime encore et chérisse sa mémoire. Quel asile plus respectable et plus doux peut-elle avoir que le cœur d'un ami ? C'est là qu'elle repose, au lieu que, dans l'opinion et dans la gloire, elle est errante et agitée.

57ᵐᵉ LEÇON. — Lettre d'excuses à un Ami.

Monsieur,

Daignerez-vous bien encore me recevoir en grâce après une aussi indigne négligence que la mienne.

J'en sens toute la turpitude et je vous en demande pardon de tout mon cœur.

A le bien prendre cependant, quand je vous offense par mes retards déplacés, je vous trouve encore le plus heureux des deux.

Vous exercez à mon égard la plus douce de toutes les vertus de l'amitié, l'indulgence; et vous goûtez le plaisir de remplir les devoirs d'un parfait ami, tandis que je n'ai que de la honte et des reproches à me faire sur l'irrégularité de mes procédés envers vous.

Vous devez du moins comprendre par là que je ne cherche point de détour pour me disculper.

J'aime mieux devoir mon pardon uniquement à votre bonté que de chercher à m'excuser par de mauvais subterfuges.

Ordonnez ce que le cœur vous dictera du coupable et du châtiment ; vous serez obéi.

Je n'excepte qu'un seul genre de peine qu'il me serait impossible de supporter : c'est le refroidissement de votre amitié.

Conservez-la moi tout entière, je vous prie ; et souvenez-vous que je serai toujours votre tendre ami, quand même je me rendrais indigne que vous fussiez le mien.

J. J. R.

Lettre d'un Frère à sa Sœur.

Ma chère Sarah ,

Je me suis engagé à t'écrire les petites histoires que notre maître est dans l'habitude de nous raconter les jours où, par suite du mauvais temps, la promenade accoutumée n'a pas lieu.

Je veux tenir ma promesse, bien que le récit de jeudi soit un peu long ; surtout ne te plains pas de mon griffonnage ; je n'ai pas le temps de m'appliquer.

Figure-toi que cette lettre, si l'on peut appeler cela une lettre, va me prendre au moins quatre récréations ! Juge s'il faut que je sois loyal pour ne pas te manquer de parole devant une pareille tâche.

Il est vrai que je pourrais bien abréger un peu, mais je craindrais de t'envoyer ma narration par trop décousue, et tu m'en voudrais d'en agir ainsi. Bref, je commence, prépare toi à rire.

LES AVENTURES DE GROS-JEAN

Gros-Jean avait servi son maître pendant sept ans. Alors il lui dit : « Maître, mon temps est fini, je voudrais maintenant retourner chez ma mère, payez-moi mes gages. »

Le maître répondit : «Tu as été un bon serviteur; tel service, te salaire. »

Et, pour le payer, il lui donna un grand sac de pièces de cinq francs.

Gros-Jean tira son mouchoir de sa poche, y enveloppa son argent, mit le paquet sur son épaule et prit le chemin de la maison de sa mère.

Il faisait chaud, le fardeau était lourd, Gros-Jean ne mettait plus que péniblement un pied devant l'autre, lorsqu'il rencontra un cavalier qui, frais et dispos, s'avançait sur un cheval fringant.

« Ah! dit Gros-Jean à haute voix, qu'on est heureux d'être à cheval! On est là comme dans un fauteuil; on ne se heurte pas les pieds contre les pierres, et l'on fait du chemin sans s'en douter.

Le cavalier, qui l'avait entendu, lui cria : « Eh! eh! Gros-Jean, où vas-tu ainsi à pied?

« — Hélas ! il faut que je porte ce fardeau; à la vérité, il est d'argent, mais il pèse beaucoup sur l'épaule.

« — Hé bien ! dit le cavalier, veux-tu faire un échange? Je te donnerai mon cheval et tu me donneras ton fardeau.

« — De tout mon cœur, dit Gros-Jean. Mais je vous préviens que vous aurez de la peine à le porter. »

Le cavalier descendit, se chargea du sac d'argent, aida Gros-Jean à monter à cheval, lui mit la bride entre les mains et lui dit :

« Quand tu voudras que la bête aille vite, tu feras claquer ta langue et tu crieras : Hop ! hop ! Mais prends-y garde, ce cheval est ardent. »

Gros-Jean, à cheval, était tout transporté de joie, et il s'avançait comme un grand seigneur. Bientôt il lui vint à l'esprit d'aller plus vite; il se met à faire claquer sa langue et à crier : Hop ! hop ! Le cheval prit le galop, et Gros-Jean, avant de pouvoir s'en douter, fut jeté à terre et se trouva tout meurtri dans le fossé de la route. Le cheval se serait échappé s'il n'eût été arrêté par un paysan qui cheminait en conduisant une vache.

Gros-Jean se remit avec peine sur ses pieds; il était fort triste, et il dit au paysan :

« Ma foi, c'est une sottise que de monter à cheval, surtout quand on a entre les jambes une haridelle qui rue et vous jette à terre, mais avoir une vache, quelle différence ! Parlez-moi d'une bonne vache qui va tout doucement, que l'on peut suivre sans se gêner, et qui vous fournit tous les jours du lait, du beurre et du fromage Que ne donnerais-je pour avoir une vache comme la vôtre!

« — Eh bien ! dit le paysan, si cela vous arrange, je veux bien vous donner ma vache pour votre cheval. »

Gros-Jean y consentit, tout transporté de joie. Le paysan s'élança sur le cheval et partit au galop.

58me LEÇON.

Je te consacre, ma chère Sarah, une seconde récréation, et je continue bien vite.

Gros-Jean conduisait sa vache tranquillement devant lui et réfléchissait au bon marché qu'il venait de conclure. — Ai-je faim, se disait-il, avec un morceau de pain , — et je n'en manquerai jamais, — je puis, aussi souvent qu'il me plaira, manger du beurre et du fromage. — Ai-je soif, je trais ma vache et je bois du lait. Que peut-on désirer de plus ?

Le soleil se levait, la chaleur était accablante. Gros-Jean était dans une bruyère qui avait une lieue de long. La soif lui collait la langue au gosier.

Il y a un remède à cela, se dit Gros-Jean ; je vais traire ma vache et me désaltérer. Il attacha la bête à un arbre, mit sous elle sa casquette de cuir, mais quelques efforts qu'il fît, il n'obtint pas une goutte de lait, et comme il s'y prenait maladroitement, l'animal impatienté lui donna un coup si violent qu'il tomba à la renverse.

Un boucher vint à passer ; il charriait un porc sur une brouette.

« Qu'est-ce que cela ? » dit notre homme, et en même temps, il aida Gros-Jean à se relever. Celui-ci raconta ce qui lui était arrivé. Le boucher lui présenta sa gourde en lui disant : « Tenez, buvez un coup pour vous remettre. Votre vache ne vous donnera jamais de lait ; c'est une vieille bête ; elle n'est bonne qu'à traîner une charrue ou à être conduite à l'abattoir.

« — Aïe ! aïe ! dit Gros-Jean, qui aurait cru cela ? A la vérité, si l'on pouvait tuer chez soi un pareil animal, on aurait une bonne provision de viande ; mais je n'aime pas la viande de vache, et puis, comment la conserver ? Un beau porc comme celui-là, c'est bien différent : que de boudins, que de saucisses !

« — Écoutez, dit alors le boucher, parce que c'est vous, je veux bien faire un échange en vous donnant mon porc pour votre vache.

« — Grand merci, dit Gros-Jean : » il remit sa vache au boucher, détacha le porc de la brouette, et continua sa route, chassant devant lui son nouveau compagnon de voyage.

A quelque distance, il rencontra un jeune homme qui portait sous le bras une oie blanche et grasse. Ils se dirent bonjour, et Gros-Jean se mit à raconter les excellents trocs qu'il avait faits. Le jeune homme, à son tour, lui apprit que l'oie était destinée à un repas de baptême.

« Tenez, continua-t-il, en la prenant par les ailes, voyez comme elle est lourde ; mais aussi on l'a engraissée pendant deux mois. Celui qui mordra dans ce rôti s'en léchera les lèvres.

« — Oui, dit Gros-Jean, l'oie est belle ; mais mon porc n'est pas vilain non plus.

Là-dessus, le jeune homme, d'un air inquiet, tourne la tête de tous côtés, puis, d'un air soucieux, il ajoute : « Savez-vous d'où vient votre porc ? Dans le village que vous avez traversé, on en a volé un pendant la nuit dernière. Si c'était celui que vous avez, le moindre risque pour vous serait d'être jeté au cachot. »

Gros-Jean trembla de tous ses membres.

« Ah ! mon Dieu, s'écria-t-il, tirez-moi de cet embarras. Jeune homme, vous connaissez mieux les affaires que moi, prenez vite mon porc et laissez-moi l'oie.

« — Il y a du danger, reprit le jeune homme, mais je ne veux pas vous laisser tomber dans l'abîme du malheur ; j'accepte. »

Gros-Jean lui remit alors la corde à laquelle le porc était attaché par la patte. Le jeune homme la prit et s'éloigna dans un chemin de traverse.

59ᵐᵉ LEÇON.

Encore une récréation employée à t'écrire, ma chère sœur. J'espère clore ma lettre après le goûter et la mettre à la poste avant sept heures.

Délivré de ses inquiétudes, Gros-Jean, l'oie sous le bras, reprit le chemin de la maison paternelle. En y réfléchissant bien, se disait-il, je viens de faire un marché avantageux : d'abord le bon rôti ; ensuite la quantité de graisse qui en tombera, enfin de belles plumes blanches pour me faire un oreiller. Que ma mère sera contente !

Lorsqu'il fut au dernier village, il vit un gagne-petit qui chantait en travaillant.

« Il paraît, lui dit Gros-Jean, que vous faites de bonnes affaires, puisque vous êtes si gai.

« — Oui, répondit le remouleur, mon métier produit des fruits d'or. Un gagne-petit est un homme qui trouve de l'argent dans sa bourse toutes les fois qu'il en a besoin. Mais où avez-vous acheté cette belle oie ?

« — Je ne l'ai pas achetée, j'ai donné un porc en échange.

« — Et le porc ?

« — On me l'avait donné pour une vache.

« — Et la vache ?

« — On me l'avait donnée pour un cheval.

« — Et le cheval ?

« — Je l'avais troqué pour un sac d'argent.

« — Et le sac d'argent ?

« — Dame ! je l'avais gagné en servant mon maître pendant sept ans.

« — Vous avez fait de bonnes affaires, dit le gagne-petit ; mais si vous ne parvenez à trouver le moyen d'entendre tinter toujours votre argent dans votre poche, votre bonheur ne sera pas complet.

« — Et comment faut-il que je m'y prenne ? dit Gros-Jean.

« — Il faut vous faire gagne-petit comme moi, et, pour cela, vous n'avez besoin que d'une meule. Précisément en voilà une. Elle est un peu endommagée, c'est vrai, mais je ne vous demande en échange que votre oie, acceptez-vous ?

« — En pouvez-vous douter, répondit Gros-Jean, et il lui donna l'oie.

« — Eh bien ! dit le gagne-petit, en ramassant un gros caillou qu'il apercevait à ses pieds, voici encore une bonne pierre que je vous donne par-dessus le marché ; elle vous servira à redresser les vieux clous : prenez, et conservez-la précieusement. »

Gros-Jean prit la pierre, l'enveloppa avec la meule dans son mouchoir et partit le cœur joyeux. Il se disait : Mon bonheur m'étonne, c'est trop, oh oui, c'est trop.

Ayant passé toute la journée sur ses jambes, il était fatigué ; ses pierres lui pesaient beaucoup, et il pensa qu'il était bon de s'en débarrasser. Tout en se traînant, il arriva près d'une fontaine. Là, il voulut se reposer et se rafraîchir. Il met son paquet au bord de cette fontaine, se baisse pour boire, glisse, touche un peu les pierres et elles disparaissent au fond de l'eau.

Gros-Jean, en les voyant tomber, fut tenté de se réjouir, car son dernier souhait était exaucé, et il pouvait continuer sa route, débarrassé de tout fardeau. Cependant, il commença à réfléchir, il sentit qu'il avait perdu par sa faute, en un jour, le fruit de sept années de travail ; et, en s'acheminant tristement vers la maison de sa mère, il portait sur le cœur un fardeau plus lourd que celui qui, le matin, chargeait son épaule.

Mes chers amis, vous le voyez, nous disait le maître, c'est un grand défaut de se dégoûter de ce que l'on possède, et de l'abandonner avant de s'assurer si ce que l'on prend n'a pas plus d'inconvénients encore. Des gens adroits profitent de ce défaut et finissent presque toujours par vous faire changer une bonne position contre une mauvaise.

J'ai bien ri, je t'assure, en entendant raconter les aventures de Gros-Jean, et je me fais une joie nouvelle en pensant au plaisir que ma lettre va te procurer.

Au revoir, ma bien chère Sarah, embrasse papa et maman pour ton frère qui t'aimera toujours.

60ᵐᵉ LEÇON. — Lettre de Mᵐᵉ de Maintenon à M. d'Aubigné.

On n'est malheureux que par sa faute ; ce sera toujours mon texte et ma réponse à vos lamentations. Songez, mon cher frère, au voyage d'Amérique, aux malheurs de notre père, aux malheurs de notre enfance, à ceux de notre jeunesse, et vous bénirez la Providence au lieu de murmurer contre la fortune. Il y a dix ans que nous étions bien éloignés l'un de l'autre du point où nous sommes aujourd'hui ; nos espérances étaient si peu de chose que nous bornions nos vœux à trois mille livres de rentes. Nous en avons à présent quatre fois plus, et nos souhaits ne seraient pas remplis ! Nous jouissons de cette heureuse médiocrité que vous vantiez si fort. Soyons contents ; si les biens nous viennent, recevons-les de la main de Dieu, mais n'ayons pas des vues trop vastes. Nous avons le nécessaire et le commode ; tout le reste n'est que cupidité. Tous ces désirs de grandeur partent du vide d'un cœur inquiet.

Toutes vos dettes sont payées, vous pouvez vivre délicieusement sans en faire de nouvelles. Que désirez-vous de plus ? Faut-il que des projets de richesse et d'ambition vous coûtent la perte de votre repos et de votre santé ? Lisez la *Vie de saint Louis*, vous verrez combien les grandeurs de ce monde sont au-dessous des désirs de l'homme. Il n'y a que Dieu qui puisse le rassasier. Je vous le répète, vous n'êtes malheureux que par votre faute, vos inquiétudes détruisent votre santé, que vous devriez conserver, quand ce ne serait que parce que je vous aime. Travaillez sur votre humeur ; si vous la rendez moins bilieuse et moins sombre, ce sera un grand point de gagné. Ce n'est point l'ouvrage de réflexions seules ; il y faut de l'exercice, de la distraction, une vie unie-et réglée. Vous ne penserez pas bien tant que vous vous porterez mal : lorsque le corps est dans l'abattement, l'âme est sans vigueur.

Adieu, écrivez-moi plus souvent et sur un ton moins lugubre.

61ᵐᵉ LEÇON. — Lettre d'excuse de Mᵐᵉ de Sévigné à M. de Bussy.

Je me presse de vous écrire afin d'effacer promptement de votre esprit le chagrin que ma dernière lettre y a mis.

Je ne l'eus pas plutôt écrite, que je m'en repentis. Il est vrai que j'étais de mauvaise humeur : je n'eus pas la docilité de démonter mon esprit pour vous écrire. Je trempai ma plume dans le fiel, et cela composa une sotte lettre amère, dont je vous fais mille excuses. Si vous fussiez entré une heure après dans ma chambre, nous nous fussions moqués de moi ensemble. Adieu mon cher cousin ; point de rancune : ne nous tracassons plus ; j'ai un peu de tort ; mais qui n'en a point dans ce monde ? Montrez ma lettre à M. de ***, afin qu'il voie que, si j'ai fait les maux, je fais aussi les médecines.

Lettre de M. le duc de Berry au Général Levavasseur qui venait de perdre son Fils.

J'apprends avec beaucoup de peine, mon cher Levavasseur, la perte cruelle que vous venez de faire ; elle est du nombre des événements pour lesquels on ne peut offrir de consolations. Si l'assurance du très-véritable intérêt que je prends à votre malheur en adoucissait l'amertume, vous pouvez y compter positivement. Votre pauvre fils annonçait des dispositions qui auraient fait votre bonheur. Il vous en reste un ; toutes vos affections vont se concentrer sur lui : il faut espérer qu'il s'en rendra digne et vous dédommagera, autant qu'il sera en lui, du chagrin que vous éprouvez en ce moment. Je regrette que ce soit un si triste événement qui me donne l'occasion, mon cher Levavasseur, de vous renouveler l'assurance de mon attachement et de ma parfaite estime.

Billet de Fléchier à un Ami qu'il n'avait pas trouvé chez lui.

Je vous écris de votre cabinet et peut-être avec votre plume ; combien en sortirait-il de jolies choses si elle était conduite par votre main ; et vous verrez que la mienne n'en saura pas tirer un simple remercîment de toutes les honnêtetés que je viens de recevoir. Si elle ne sait pas exprimer une fort grande reconnaissance, elle ne sera pas l'interprète de mon cœur.

Lettre d'excuses de Caraccioli à un de ses Amis.

Je vous boude et vous me boudez : cela s'appelle partie et revanche. Il ne s'agit plus que de jouer le tout. Mais sommes-nous raisonnables l'un et l'autre ? Je n'en crois rien. Des amis se brouillent-ils pour des vétilles ? Je ne présume pas. Je connais mon cœur, je suis dans sa confidence, il ne pourrait jamais consentir à ne plus vous aimer. Il m'a grondé comme un nègre, parce que j'ai balancé deux minutes si je vous écrirais. Il m'a mis lui-même la plume à la main, et il dicte ce que je vous marque.

62ᵐᵉ LEÇON. — Lettre de Jacques Delille à l'abbé Barthélemy, auteur de l'ouvrage : Voyage du jeune Anacharsis en Grèce.

Si vous ne deviez pas, Monsieur, être dégoûté d'éloges, je vous dirais que votre ouvrage m'a paru effrayant d'érudition et de connaissances, comme il m'a paru enchanteur de style et d'exécution. Avant vous, on n'avait jamais imaginé qu'aucun ouvrage pût dispenser de lire Platon, Xénophon, tous les historiens et tous les philosophes de la Grèce. Votre ouvrage, le plus beau résultat des plus profondes lectures, tient lieu de tout cela. Et un littérateur peu fortuné avait raison de dire que votre livre est une véritable économie. Il était impossible de faire de toutes ces idées et de toutes ces pensées une masse plus brillante et plus solide, et votre ouvrage m'a rappelé ce métal de Corinthe composé de tous les métaux et plus précieux qu'eux tous. C'est le génie qui a fondu tout cela.

Ces Grecs, qui savent à peine s'ils ont eu des aïeux illustres, seraient un peu étonnés si on leur disait qu'un étranger a passé trente ans de sa vie à faire leur intéressante généalogie et a découvert les titres de leur gloire nationale.

On ne peut rien ajouter au charme de vos descriptions. Le plus grand poëte de la Grèce, cet homme dont vous avez si dignement parlé, passait pour le premier de ses historiens, et son nouvel historien aurait, comme Platon, passé pour un de ses plus grands poëtes, si une action dramatique, des caractères bien soutenus, des images brillantes sont de la poésie.

Les villes de la Grèce regardaient comme un titre de gloire d'être nommées dans les poëmes de celui dont elles se disputaient le berceau. Jugez, Monsieur, si moi, qui occupe dans l'empire des lettres un si petit coin, je dois être fier de trouver mon nom dans votre magnifique ouvrage. Il est intéressant pour toutes les classes de lecteurs ; mais il acquiert un nouveau degré d'intérêt pour ceux qui ont vu les scènes des grands événements que vous décrivez. Vous avez vu les lieux mêmes aussi bien que les voyageurs les plus attentifs. En revenant d'Athènes, je m'étais flatté un moment d'être consulté par vous ; je fus agréablement surpris d'être instruit par vous-même de tout ce que j'avais vu. On dit que l'académie d'Athènes va être associée à celle de Paris ; je rends grâce à celui par qui va s'opérer cette confraternité : il sait combien je me tiendrai honoré de la sienne et l'inviolable attachement que je lui ai voué.

Ganganelli (Clément **XIV**) au comte Algarotti.

Mon cher comte,

Arrangez-vous, malgré votre philosophie, de manière que je vous voie dans le ciel ; car je serais bien fâché de vous perdre de vue durant une éternité.

Vous êtes un de ces hommes rares pour l'esprit et pour le cœur, qu'on veut aimer même au-delà du tombeau, quand on a l'avantage de vous connaître ; et personne n'a plus de raison que vous pour se convaincre de la spiritualité de l'âme et de son immortalité. Les années coulent pour les philosophes comme pour les ignorants ; et ce qui doit en être le terme ne peut qu'occuper un homme qui pense.

Avouez que je sais accommoder les sermons, de manière à ne pas effaroucher un bel esprit, et que si l'on prêchait aussi brièvement, aussi amicalement, vous entendriez parfois le prédicateur ; mais il ne suffit pas d'écouter, il faut que cela passe dans le cœur ; que cela y germe ; et que le tout aimable Algarotti devienne aussi bon chrétien qu'il est bon philosophe : alors je serai doublement son serviteur et son ami.

63ᵐᵉ LEÇON. — Lettre sur la mort d'une Mère.

Mes alarmes n'étaient que trop fondées ; cette tendre mère, cette amie de tous les temps, cette femme rare qui a passé par son siècle avec toutes les vertus du premier âge, cette digne compagne de mon vénérable père, elle n'est plus ! Je l'ai embrassée pour la dernière fois, à cinq heures et demie du soir, le 30 du mois dernier, sans qu'elle ait pu me voir ni m'entendre. Elle a rendu à Dieu son âme pure et chrétienne, après soixante-dix ans d'une vie exemplaire. Vous savez, mon cher ami, combien elle m'aimait, elle a été ma mère dans mon enfance, et presque dans ma vieillesse. Elle m'a porté dans son cœur.

Je rends grâce à la Providence de m'avoir fait naître d'elle, et je lui demande avec larmes de me rejoindre à elle dans un meilleur séjour. Toute sa maladie a été un exercice de résignation et de patience. L'ange de la paix n'a point quitté son lit. Ah ! si j'avais pu recueillir de sa bouche les impressions de religion, de foi, d'amour, d'espérance qui l'ont soutenue jusqu'à son dernier soupir ! Non, la mort n'avait pas détruit la grâce naturelle de sa figure : les signes de la prédestination éternelle étaient sur son front.

DUCIS.

Fénelon à Mᵐᵉ Roujault. Il demande à cette Dame sa protection
pour un de ses Amis.

A Cambrai, le 4 août 1710.

Je vous supplie, Madame, de me permettre de vous demander une grâce, qui n'est qu'une continuation de celle que j'ai déjà reçue. Vous avez eu la bonté de protéger le sieur Provenchères auprès de M. Anainon, qui voulut bien lui accorder un emploi de la manière la plus obligeante. Je ne dois jamais en oublier les circonstances. J'espère que vous voudrez bien achever votre ouvrage, en faisant maintenir cette même personne dans sa commission. On assure qu'il fait son devoir avec une exactitude et une probité reconnues. Il craint que certains changements arrivés ne l'exposent à perdre sa place et il a recours à la protectrice de qui il la tient. Vous ne devez pas être étonnée, Madame, de me voir si rempli de confiance dans une affaire où j'ai déjà tant de preuves de votre bon cœur et de celui de monsieur votre père. Si vous lui recommandez encore une fois les intérêts de l'homme qu'il a placé d'une manière si gracieuse et si touchante, je ne doute point qu'il ne lui fasse sentir les effets d'une protection continuée. Je ne saurais finir cette lettre sans vous dire, Madame, que toutes vos attentions et toutes celles de M. Roujault pour les personnes qui me sont chères ne me dédommagent nullement de ce que j'ai perdu quand vous êtes partis de ce pays Je ne saurais cesser de ressentir vivement cette perte; et l'unique chose qui peut m'en consoler est la persuasion que vous m'honorez toujours l'un et l'autre d'une sincère bienveillance.

Jugez par là, Madame, avec quel zèle vous sera toujours dévoué, votre, etc.

64me LEÇON. — Lettre sur l'Italie au sommet du Vésuve, à la lueur d'une éruption, à minuit.

J'ai tracé ces deux lignes sur le sommet du Vésuve, à la lueur d'une éruption.

C'est comme une médaille que j'ai frappée pour constater mon voyage, pour rappeler un jour à ceux de mes enfants qui viendraient assister aussi à cet admirable incendie ce moment de la vie de leur père ; pour embellir encore à leurs yeux, de ce souvenir, un tableau si magnifique.

Arrivé vers les six heures du soir à Résina, petit village au-delà de Portici, je quitte la voiture qui m'a conduit et je monte sur un mulet. Trois hommes robustes m'accompagnent avec une provision de flambeaux.

Je commence par monter entre deux champs couverts de peupliers, de mûriers, de figuiers entrelacés de vignes souples et vigoureuses, qui tantôt s'appuient et se suspendent à ces arbres, tantôt montent et se soutiennent d'elles-mêmes au milieu des airs.

Après avoir traversé pendant une heure de beaux vergers, j'arrive à une lave immense.

Le Vésuve la vomit dans une éruption, il y a environ soixante ans.

Elle fit pâlir toute la ville de Naples. Mais, après l'avoir menacée, un moment, elle s'arrêta là.

Quoique arrêtée et éteinte, elle effraye encore et menace.

Les bords de cette lave sont tapissés, comme les bords de la Seine, de gazons et de fleurs, et ombragés, çà et là, de jeunes arbustes qu'une cendre féconde arrose, pour ainsi dire, et nourrit toujours.

Après avoir suivi quelque temps un sentier très-difficile, je me trouvai sur des rochers affreux, au milieu de la cendre mouvante.

Là, la terre cesse pour le pied des animaux, mais non pas pour celui de l'homme, qui a trouvé presque toutes les bornes que lui avait prescrites la nature, et souvent les a franchies.

Là, il fallut gravir péniblement des monceaux de scories qui s'écroulaient sous mes pas.

Je m'arrêtai un moment pour contempler.

Devant moi les ombres de la nuit et les nuages s'épaississaient de la fumée du volcan et flottaient autour du mont ; derrière moi, le soleil, précipité au-delà des montagnes, couvrait de ses rayons mourants la côte du Pausilippe, Naples et la mer, tandis que, sur l'île de Caprée, la lune, à l'horizon, paraissait, de sorte qu'en cet instant je voyais les flots de la mer étinceler à la fois des clartés du soleil, de la lune et du Vésuve. Le beau tableau !

Lorsque j'eus contemplé cette obscurité et cette splendeur, cette nature affreuse, stérile, abandonnée, et cette nature riante, animée, féconde, l'empire de la mort et celui de la vie, je me jetai à travers les nuages, et je continuai à gravir. — Je parvins enfin au cratère.

C'est donc là ce formidable volcan qui brûle depuis tant de siècles, qui a submergé tant de cités, qui a consumé des peuples, qui menace à toute heure cette vaste contrée, cette Naples, où dans ce moment on rit, on chante, on danse, on ne pense seulement pas à lui. Quelle lueur autour de ce cratère! Quelle fournaise ardente au milieu! D'abord, ce brûlant abîme gronde; déjà il vomit dans les airs, avec un épouvantable fracas, à travers une pluie épaisse de cendres, une immense gerbe de feux : ce sont des millions d'étincelles; ce sont des milliers de pierres que leur couleur noire fait distinguer, qui sifflent, tombent retombent, roulent; en voilà une qui roule à cent pas de moi. L'abîme tout à coup se referme; puis tout à coup il se rouvre et vomit encore un autre incendie : cependant la lave s'élève sur les bords du cratère; elle se gonfle, elle bouillonne, coule... et sillonne, en longs ruisseaux de feu, les flancs noirs de la montagne.

J'étais vraiment en extase. Ce désert! cette hauteur! cette nuit! ce mont enflammé! Et j'étais là!

J'aurais voulu passer la nuit auprès de cet incendie et voir le soleil, à son retour, l'éteindre de ses rayons éblouissants.

Mais le vent, qui soufflait avec impétuosité, m'avait déjà glacé; je descendis; avec quel chagrin il en coûte de détacher d'un pareil tableau le regard qui sera le dernier.

Adieu, Vésuve! adieu, lave, adieu, flamme dont resplendit et se couronne ce profond abîme : adieu, enfin, mont si redoutable et si peu redouté. Si tu dois submerger dans tes cendres ou ces châteaux, ou ces villages, ou cette ville, que ce ne soit pas du moins dans le moment où mes enfants y seront.

Mes guides avaient allumé leurs flambeaux. Je descendis, ou plutôt je roulai, enfoncé dans la cendre jusqu'à mi-jambe : je roulai si vite (on ne peut faire autrement), que je ne mis qu'une demi-heure à descendre un espace que j'avais mis près de trois heures à gravir. Un de mes souliers, déchiré en mille pièces, m'abandonna à moitié chemin; l'autre à l'endroit où j'avais quitté les mulets.

En descendant, je rencontrai des Anglais qui montaient au cratère; nous nous arrêtâmes, nous parlâmes du Vésuve; nous troublâmes un moment, de la clarté de nos flambeaux, la nuit étendue sur ce fleuve de lave, et, du son de nos voix, ce profond silence.

Nous nous dîmes adieu, et je poursuivis ma route. Enfin, j'arrivai à Portici, bien harrassé; je me couchai en arrivant, et dormis d'un profond sommeil.

Mais à six heures du matin je me réveillai, en retrouvant le sommet du Vésuve, et son cratère, et son incendie, et la lave devant mon imagination. Mon âme frémissait encore de toutes les émotions qu'elle avait éprouvées la veille.

L'éruption du Vésuve est un de ces spectacles que ni le pinceau, ni la parole ne sauraient reproduire, et que la nature semble s'être réservée de montrer seule à l'admiration de l'homme, comme le lever du soleil, comme l'immensité des mers.

DUPATY.

65ᵐᵉ LEÇON. — Lettre de Fontenelle à Pierre le Grand, élu membre honoraire de l'Académie des Sciences de Paris.

Sire,

L'honneur que Votre Majesté fait à l'Académie royale des sciences, de vouloir bien que son auguste nom soit mis à la tête de sa liste, est infiniment au-dessus des idées les plus ambitieuses qu'elle pût concevoir et de toutes les actions de grâces que je suis chargé de vous en rendre. Ce grand nom, qu'il nous est presque permis de compter parmi les nôtres, marquera éternellement l'époque de la plus heureuse révolution qui puisse arriver à un empire, celle de l'établissement des sciences et des arts dans les vastes pays de la domination de Votre Majesté. La victoire que vous remportez, Sire, sur la barbarie qui y régnait, sera la plus éclatante et la plus singulière de toutes vos victoires. Vous vous êtes fait, ainsi que d'autres héros, de nouveaux sujets par les armes; mais de ceux que la naissance vous avait soumis, vous vous en êtes fait, par les connaissances qu'ils tiennent de vous, des sujets tout nouveaux, plus éclairés, plus heureux, plus dignes de vous obéir. Vous les avez conquis aux sciences; et cette espèce de conquête, aussi utile pour eux que glorieuse pour vous, vous était réservée. Si l'exécution de ce grand dessein, conçu par Votre Majesté, s'attire les applaudissments de toute la terre, avec quels transports de joie l'Académie doit-elle y mêler les siens, et par l'intérêt des sciences qui l'occupent, et par celui de votre gloire, dont elle peut se flatter désormais qu'il rejaillira quelque chose sur elle.

Lettre d'un écrivain à une Demoiselle de Lyon, qui le consultait sur les Ouvrages qu'elle devait lire.

Je ne suis, Mademoiselle, qu'un vieux malade, et il faut que mon état soit bien douloureux puisque je n'ai pu répondre plus tôt à la lettre dont vous m'honorez.

Vous me demandez des conseils, il ne vous en faut point d'autres que votre goût. Je vous invite à ne lire que les ouvrages qui sont depuis longtemps en possession des suffrages du public, et dont la réputation n'est point équivoque. Il y en a peu, mais on profite bien davantage en les lisant, qu'avec tous les mauvais petits livres dont nous sommes inondés. Les bons auteurs n'ont de l'esprit qu'autant qu'il en faut, ne le cherchent jamais, pensent avec bon sens et s'expriment avec clarté. Il semble qu'on n'écrive plus qu'en énigme, rien n'est simple, tout est affecté : on s'éloigne en tout de la nature, on a le malheur de vouloir faire mieux que ses maîtres. — Tenez-vous en, Mademoiselle, à tout ce qui plaît assez. La moindre affectation est un vice. Les Italiens n'ont dégénéré, après Le Tasse et l'Arioste, que parce qu'ils ont voulu avoir trop d'esprit ; et les Français sont dans le même cas. Voyez avec quelle naturel M*** de Sévigné et d'autres dames écrivent! — Vous verrez que nos bons écrivains, Fénelon, Racine, Bossuet, Despréaux, emploient toujours le mot propre. On s'accoutume à bien parler en lisant souvent ceux qui ont bien écrit; on se fait une habitude d'exprimer simplement et noblement sa pensée sans effort. Ce n'est point une étude; il n'en coûte aucune peine de lire ce qui est bon, et de ne lire que cela. On n'a de maître que son plaisir et son goût.

Pardonnez, Mademoiselle, à ces longues réflexions, ne les attribuez qu'à mon obéissance à vos ordres.

66ᵐᵉ LEÇON. — Lettre originale d'un petit douillet à sa Mère.

Ah! maman! maman! je n'en puis plus; j'ai les doigts criblés d'engelures, elles saignent, elles cuisent, je ne puis plus ni écrire, ni jouer du piano, *ni jouer à rien...* Cet esprit de sel, avec quoi on les panse, est une drogue infernale. Je n'en puis plus, j'en mourrai... Maudit hiver! maudites engelures! Je souffre autant de ce qui démange que de ce qui cuit... Maman, y a-t-il quelque chose de plus cruel que ce vilain mal! Je ne le crois pas. Je sens que je dois être bien désagréable à soigner; car je crie, je pleure, je trépigne, je fais l'enfant ou plutôt le *diable*. Mais quoi, la douleur est

extrème; et quand j'ôte mes gants, j'enlève ma peau ; je deviendrai fou, si cela dure.
Nous ne sommes qu'en janvier... D'ici au printemps, c'est un siècle... Mon Dieu! mon
Dieu! Que je suis donc à plaindre ?... Pardon, maman, je dois vous faire pitié.

Réponse de la Mère.

Je te plains, mon cher fils, d'avoir des engelures qui te font tant, tant souffrir. Je
voudrais bien qu'il fût possible d'adoucir tes maux ; mais je n'y connais d'autre remède
que le courage et la patience pour les supporter. Je vois avec peine que ces deux vertus
te manquent, au point de ne pouvoir te laisser panser sans faire un peu le *diable*. C'est
me raconter tes sottises avec franchise. J'aimerais mieux cependant que tu les sentisses
au point de te corriger et de n'avoir plus à m'en parler. D'ailleurs, c'est fort mal
reconnaître les bontés de Mme B... pour toi que de doubler, par tes impatiences dépla-
cées, les soins et les peines qu'elle veut bien prendre et qu'elle ne te doit point. Et
puis, ne va pas t'imaginer que des engelures soient un mal insupportable ; tu serais
bien heureux, mon pauvre enfant, si, dans le cours de ta vie, tu n'en éprouvais jamais
de plus grand. Il faut donc mettre tout ton amour-propre à souffrir sans te plaindre ;
tu n'aurais pas l'air alors d'un enfant gâté que le moindre petit *bobo* fait pleurer.
Adieu, montre du courage et de la docilité, et tu ne me feras plus pitié.

67me LEÇON. — Lettre de Mme de Maintenon à Mme de la Maisonfort.

Il ne vous est pas mauvais de vous trouver dans des troubles d'esprit ; vous en serez
plus humble, et vous sentirez par votre expérience que nous ne trouvons nulle res-
source en nous, quelque esprit que nous ayons. Vous ne serez jamais contente, ma
chère fille, que lorsque vous aimerez Dieu de tout votre cœur : ce que je ne dis pas par
rapport à la profession où vous vous êtes engagée. Salomon vous a dit, il y a longtemps,
qu'après avoir cherché, trouvé et goûté de tous les plaisirs, il confessait que tout n'est
que vanité et affliction d'esprit, hors aimer Dieu et le servir. Que ne puis-je vous donner toute mon expérience ! que ne puis-je vous faire voir l'ennui qui dévore les grands,
et la peine qu'ils ont à remplir leurs journées ! Ne voyez-vous pas que je meurs de
tristesse dans une fortune qu'on aurait eu peine à imaginer, et qu'il n'y a que le se-
cours de Dieu qui m'empêche d'y succomber ? J'ai été jeune et jolie, j'ai goûté des plaisirs, j'ai été aimée partout ; dans un âge un peu avancé, j'ai passé des journées dans
le commerce de l'esprit, je suis venue à la faveur : et je vous proteste, ma chère
fille, que tous les états laissent un vide affreux, une inquiétude, une lassitude, une
envie de connaître autre chose, parce qu'en tout cela rien ne satisfait entièrement.
On n'est en repos que lorsqu'on s'est donné à Dieu, mais avec cette volonté déterminée
dont je vous parle quelquefois ; alors on sent qu'il n'y a plus rien à chercher, qu'on
est arrivé à ce qui est bon sur la terre ; on a des chagrins, mais on a aussi une
solide consolation, et la paix au fond du cœur, au milieu des plus grandes peines.

Lettre d'un jeune Enseigne de vaisseau à sa Mère.

Ma mère chérie,

Notre vaisseau va appareiller dans deux heures ; bientôt nous serons éloignés pour
longtemps l'un de l'autre. Que te dire en ce moment suprême ? Quels adieux pourrais-je
t'adresser qui ne fussent l'expression et l'assurance de ma tendresse et de ma profonde

reconnaissance pour tous les soins dont tu m'as comblé? Plus que jamais je sens tout ce que cette séparation a de pénible; jusqu'à présent, les apprêts du départ m'avaient distrait de ma douleur; mais à présent c'est uniquement à toi que je pense, Ah! chère mère, que ne donnerais-je pas pour t'embrasser une fois encore! Puisque cela m'est impossible, je veux du moins te dire que, si loin de toi que je sois, je te verrai sans cesse près de ta petite table : ton ouvrage est tombé de tes mains, tu penses que dans quelques instants ton enfant sera plus éloigné que jamais, et une larme! Pourquoi cela? crains-tu donc que je t'oublie? Va, chaque courrier t'apportera des volumes, je veux te raconter ma vie jour par jour et me conduire de telle sorte que je n'aie jamais rien à te cacher. Sois bien assurée que ta pensée ne me quittera pas un seul instant et qu'elle me servira de guide et de consolation.

68ᵐᵉ LEÇON.—Placet présenté à Louis XIV, par Mᵐᵉ Fouquet, le jour anniversaire de la Naissance de Sa Majesté.

Votre Majesté me voit encore à ses pieds : toujours des placets! toujours des larmes! toujours des importunités! je ne m'en lasserai point que Votre Majesté ne m'accorde le pardon du plus malheureux de ses sujets. Il y a aujourd'hui un an que Votre Majesté fit tomber sur lui les premiers éclats de sa colère ; c'est un triste souvenir pour moi. Mais il y a précisément aujourd'hui vingt-quatre ans que le ciel fit un miracle, en nous donnant Votre Majesté : c'est un souvenir plein d'espérance et de joie. Ce jour, Sire, est trop heureux pour toute la terre, il ne saurait être funeste pour nous; il est fait pour pardonner et non pour punir.

Placet de Dufresni au duc d'Orléans, régent du Royaume.

Monseigneur,
Dufresni vous supplie de le laisser dans la pauvreté, afin qu'il reste un monument de l'état où était la France avant la régence de Votre Altesse Royale.

FIN

LYON. — IMPRIMERIE PITRAT AÎNÉ, RUE GENTIL, 4.